SOLI, O TIGREZINHO SOLITÁRIO

REFLEXÕES SOBRE SUPERAÇÃO

CRISTINA SOBREIRA

ILUSTRAÇÃO:
THE FRAME ESTUDIO

1ª Edição: 2016
1ª Reimpressão: 2018

Coordenação Editorial: Karol Oliveira
Direção de Arte: Tiago Rabello
Revisão: Maggy de Matos
Ilustração: The Frame Estudio

S677 Sobreira, Maria Cristina Benevides Sá.
Soli : o tigrezinho solitário : reflexões sobre superação / Maria Cristina Benevides Sá Sobreira ; ilustração: The Frame Studio. – Belo Horizonte : Ed. Artesã, 2018.
32 p. ; 23 cm. : il.
ISBN: 978-85-88009-57-8

1. Literatura Brasileira. 2. Literatura infantojuvenil. I. The Frame Studio. II. Título.

CDU 821(81)-93

Catalogação: Aline M. Sima CRB-6/2645

IMPRESSO NO BRASIL
Printed in Brazil

ARTESÃ EDITORA LTDA.
Site: www.artesaeditora.com.br
Email: contato@artesaeditora.com.br
Belo Horizonte/ MG

Agradecimento

Agradeço aos meus queridos pais por terem despertado em mim, desde a infância, o gosto pelas histórias e poesias por meio dos livros e discos de vinil que me presenteavam com tanto carinho; à minha prima Marisa por trazer o encantamento, a fantasia, para minha infância, fazendo com que eu acreditasse nas fadas que moravam em seu quintal e contando-me belas histórias; à minha eterna vovó Regina que me acolhia em seu colo aconchegante, à luz do candieiro e à beira de um fogão a lenha, onde todos se juntavam, para escutar as histórias de caipora e muitas outras; à Adriana, coordenadora da Pastoral do Menor que acreditou no meu potencial e reacendeu em mim essa paixão, levando-me a escrever várias histórias para o Projeto. À todos aqueles que escutavam e incentivavam que eu não parasse: pacientes, amigas, familiares, inclusive sobrinhos, minhas inspirações para os personagens; ao meu amado esposo Aloísio e aos meus filhos queridos Igor e Carol, que tiveram toda paciência de escutar várias das minhas histórias. E, para finalizar, agradeço ao maior responsável por tudo isso, Deus, meu criador, inspirador e poderoso guia. Sem a presença Dele nada seria possível.

Apresentação

Os contos infantis são espelhos, que refletem a dinâmica das pessoas e, sobretudo, das crianças, convidando-as para se movimentarem em direção à constituição do ser e às diferentes condições de viver na relação com o outro.

Para educadores e terapeutas, contar história abre janelas, que possibilitam o olhar do ouvinte para os conflitos emocionais, na relação consigo mesmo e com o meio, em busca da superação possível dos conflitos, expressos na trajetória do herói.

A autora Cristina apresenta no seu conto sobre Soli, o tigrezinho solitário, possiblidades de saídas criativas e saudáveis, transformando os sentimentos da dor em alegria, de aprisionamento em libertação. A saga do herói Soli, possibilita à criança entrar em contato com a tristeza e com os sentimentos associados à solidão, mas sem paralisações e reduções, quando mobiliza o poder da transformação do herói em busca dos sentimentos e atitudes opostas: alegria e solidariedade amorosa. A narrativa sobre o herói, imerso no jogo de oposições do bem e do mau, se entrelaça com a escrita em verso, que fascina as crianças, por envolvê-las no jogo de rimas das palavras. A leveza associada ao tom lúdico dos versos rimados não compromete a trajetória do herói, que vive a solidão, a dor da separação e dos maus tratos.

O tema é de grande relevância educacional e terapêutica, ao destacar a agonia do abandono e as estagnações geradas pelas violências são evidenciadas e potencializadas no momento contemporâneo. A problemática, no entanto, não se fixa na condição humana do abandono e desrespeito, pois propõe a todos os ouvintes e leitores as buscas de possíveis saídas, iluminadas pela luz da esperança, gerada pela relação amorosa compartilhada.

***Eloisa Quadros Fagali** - Doutora em Psicologia, Psicóloga, Arteterapeuta, Orientadora e Professora de Psicologia no curso de formação em ArteTerapia e Psicopedagogia (Instituto Sedes Sapientiae e PUC - São Paulo)*

SOLI É UM TIGREZINHO, MUITO VALENTE
QUE CORRIA DE GATO, DE RATO E DE GENTE!
ATENÇÃO! EU DISSE CORRIA...
LOGO, LOGO IRÁ SABER, ONDE ESTÁ SUA VALENTIA.

FOI ARRANCADO DE SUA MÃE, QUANDO AINDA ERA UM FILHOTE
POBRE SOLI, QUE MÁ SORTE!
OS PRIMEIROS DIAS FORAM DE PARTIR O CORAÇÃO
O PEQUENO TIGRE CHORAVA A DOR DA SOLIDÃO.

NA JAULA DE UM CIRCO O TIGREZINHO FOI CRESCENDO
E AO SOM DE UM CHICOTE, COM MEDO IA APRENDENDO...

APRENDENDO A ALEGRAR A PLATEIA
COM SUA ENORME BELEZA
MAS DENTRO DO CORAÇÃO,
ERA TAMANHA A TRISTEZA.

SENTIA-SE FRAGILIZADO E INCAPAZ DE ENFRENTAR
ATÉ UM SIMPLES RATINHO, QUE APARECESSE POR LÁ
SERÁ O QUE ACONTECERA AQUELE POBRE COITADO?
ACREDITO QUE SEU MEDO, FICOU GENERALIZADO!

DE TUDO, TUDO, SOLI TINHA MEDO!
MAS VOU CONTAR-LHE UM SEGREDO
APESAR DO MEDO INCOMODAR,
O QUE DOÍA O CORAÇÃO
AINDA ERA A DOR DA SOLIDÃO.

ATÉ QUE UM DIA NO CIRCO, CHEGOU UM PALHAÇO LEGAL
E SOLI FOI PERCEBENDO QUE NEM TODA GENTE É DO MAL!
NOVOS SENTIMENTOS, COMEÇARAM A SURGIR
AS PALAVRAS DO AMIGO LEVAVAM O TIGRE A SORRIR.

SOLI MEU AMIGÃO,
AINDA TE ARRANCO DESTA PRISÃO
TEU DESTINO NÃO PODE SER A SOLIDÃO.

UM DIA, O PALHAÇO TOMOU CORAGEM
E ACABOU COM AQUELE ATO COVARDE.
QUANDO A NOITE CHEGOU
SEU AMIGO ELE SOLTOU.

E CHORANDO DE EMOÇÃO DISSE ADEUS AO AMIGÃO
VÁ QUE TEU DESTINO AGORA ESTÁ EM TUA MÃO!
E SOLI DEIXOU PARA TRÁS TODA AQUELA CRUELDADE
ENFRENTANDO O SEU MEDO, DESFRUTOU DA LIBERDADE.

CORRIA OLHANDO SEMPRE PRA FRENTE
EM BUSCA DE UMA VIDA DIFERENTE.

E ONDE ELE FOI PARAR,
VOCÊ NEM IMAGINA
NO SÍTIO DA VOVÓ REGINA
UMA VOVÓ FOFA E PEQUENINA.

NA FUGA FICOU CANSADO E RESOLVEU DESCANSAR
TOMAR UMA FRESQUINHA, NA FRENTE DAQUELE LUGAR.
VOVÓ REGINA, OUVIU GRITOS, UMA TREMENDA CONFUSÃO
E AO SAIR, DEU DE CARA, COM UM TREMENDO TIGRÃO!

SEU NETO LIPE, PEGOU O BADOQUE, PARA SE DEFENDER
DAQUELE TIGRE ENORME, QUE ALI VIERA APARECER
JÁ A LULÚ E O GAGÁ, SÓ FAZIAM CORRER E GRITAR
POR FAVOOOOR...! ALGUÉM PODE NOS SALVAR.

FOI AQUELA CORRERIA, TAMANHA CONFUSÃO
E O SOLI PARALISADO, COM DISPAROS NO CORAÇÃO
O POBRE SENTIA MEDO DO QUE PODERIA ACONTECER
SERÁ QUE SUA LIBERDADE ESTAVA PRESTES A PERDER?

MAS VOVÓ REGINA, PERCEBEU QUE SOLI ERA MANSINHO
E DELE SE APROXIMOU, TOCANDO-LHE COM CARINHO
DEIXEM DE CONFUSÃO, NÃO VEEM QUE ESTÁ COM MEDO
DE ONDE VEIO O BICHINHO, QUAL SERÁ O SEU SEGREDO?

DIFERENTE DO DONO DO CIRCO, VOVÓ REGINA ERA DO BEM
POR ISSO ACOLHEU SOLI, QUE PASSOU A MORAR LÁ TAMBÉM
AGORA ESTAVA FELIZ, POIS NÃO TINHA SÓ LIBERDADE
RECEBERA TAMBÉM CARINHO. COMO É BOM TER AMIZADE.

E COMO SOLI ERA LIVRE, UM DIA VOLTOU PARA AGRADECER
E CONTAR PARA O AMIGO O QUE VIERA ACONTECER
SEU AMIGO PALHAÇO, TAMBÉM ESTAVA BEM
O NOVO DONO DO CIRCO, ERA UM HOMEM DO BEM.

BAILARINAS, PALHAÇOS E TRAPEZISTAS,
A PLATEIA IA ALEGRAR
E NÃO SE VIA MAIS, ANIMAL PRESO NAQUELE LUGAR.

DEPOIS DE SABER DAS NOTÍCIAS, DESPEDIU-SE DO SEU AMIGÃO
POIS NO SÍTIO DA VOVÓ REGINA, ELE TINHA UMA MISSÃO
DIVIDIR FELICIDADE, COM A VIZINHANÇA ERA PRECISO
E DAS CRIANÇAS, TINHA QUE ARRANCAR SORRISO!

PROTEGIA DO LOBO, E A VOVÓ REGINA, NA SUA VISITAÇÃO
DISTRIBUIA BOLINHOS COM SEU ENORME CORAÇÃO.
TAMBÉM CONTAVA HISTÓRIAS, PARA A CRIANÇADA ALEGRAR
E SOLI SEU FIEL ESCUDEIRO, SEMPRE ALÍ A LHE ACOMPANHAR.

COMPANHEIRO, TAMBÉM SE TORNOU, DE LIPE, LULÚ E GAGÁ
E ERA MUITO QUERIDO, POR TODOS DAQUELE LUGAR
COM ALGUNS VIZINHOS DO SÍTIO,
PASSOU A AGIR ASSIM TAMBÉM
POIS A FELICIDADE, SURGE JUSTAMENTE DO BEM.

FOI ASSIM QUE SOLI, O SOLITÁRIO
FICOU CONHECIDO COMO SOLI, O SOLIDÁRIO!
E QUANTO A SUA VALENTIA ESTAVA NO CORAÇÃO
POIS TORNAR DOR EM ALEGRIA, NÃO É COISA FÁCIL, NÃO.

SOBRE A AUTORA

laria Cristina Sobreira é Psicóloga Clínica, Pós-graduada em Psicoterapia ognitivo-Comportamental e escritora. Desde a infância era fascinada pelo encantamento que s histórias traziam. Quando se tornou mãe, lia e também criava histórias para entreter e ducar os filhos, que hoje já estão crescidos. Mas a história continuou tendo espaço na sua ida. Ela passou a contar para os seus sobrinhos (personagens da obra Soli), para articipantes dos cursos que ministra e em todos os momentos de sua profissão. Nos rojetos Sociais que já escreveu, ou atuou, sempre teve a história como elemento undamental. O que mais lhe marcou foi o projeto "Brincando, Contando e Criando", esenvolvido na Pastoral do Menor com o objetivo de desenvolver a resiliência das crianças e dolescentes em situação de risco, por meio de contos específicos, tendo escrito vários eles. Um outro que ela coordenou e também utilizou muitas histórias, foi o "Aprendendo e ivertindo com o Letramento", financiado pelo Conselho Estadual da Criança e do Adolescente. ambém as utilizou em seu trabalho na APAE de Vitória da Conquista, no Curso Pré-vestibular êneca, na Clínica, nas Jornadas Pedagógicas e demais cursos que ministrou. As histórias e ramatizações sempre estão presentes em todos os trabalhos da psicóloga e autora, pois ela ntende a importância e o valor delas, que além de encantarem o público de todas as idades, ducam e, principalmente, pacificam as emoções, por meio dos elementos terapêuticos ontidos nas mesmas.

Fale com a Autora:

www.cristinasobreira.com.br

n.cbss@hotmail.com

LEIA TAMBÉM

Laluxa quer ser Bruxa: Reflexões sobre Assertividade

Parece que os moradores da Floresta Encantada, estão enfrentando problemas: A fadinha Laluxa anda muito cansada, pois vive fazendo o que seu corpo não aguenta, mas por temer a rejeição nunca diz NÃO. Já a Bruxinha Catuxa de tanto dizer NÃO, vive na solidão, pois brigou com seu único amigo o Zangão, que por ser muito mandão, da amiga bruxa, NÃO aceitou um NÃO e dela vive afastado. Para piorar a situação, a Laluxa já estressada, quer deixar de ser fada e passou a gritar que em uma bruxa quer se transformar. E agora, será que com atitudes tão rígidas, conseguirão viver em harmonia? Quem poderá ajudá-los? Viaje nessa aventura e descubra que, quando expressamos nossos desejos, sentimentos e aprendemos a dizer NÃO, sem ofender os outros, diante de demandas que não temos condições de cumprir, a vida fica mais leve, nosso coração mais alegre e nossas relações mais saudáveis e duradouras.

Artesã editora
www.artesaeditora.com.br